入門シリーズ①

釈尊の生涯と法華経

はじめに

釈尊は、悩み苦しむ人々を救済するために様々な教えを説かれました。しかし、生命を正しく説き明かし、人々を真の成仏へと導く教えは法華経をおいてほかにはありません。

その、法華経の真髄《しんずい》である南無妙法蓮華経は、釈尊滅後の末法《まっぽう》という濁悪の時代に、一切の人々を根本から救う唯一の法です。

この南無妙法蓮華経を弘めるために末法に出現されたのが、日蓮大聖人であり、その教えを正しく受け継ぎ、真の幸福と世界の平和を実現するため、正法を弘め、信仰を実践しているのが日蓮正宗の僧俗です。

本書は、『日蓮正宗入門』を基《もと》に、入門シリーズの第一として、釈尊の生涯と一代五十年にわたる教えの内容、そして真実の教えである法華経はどのような教えなのかを簡略にまとめたものです。

折伏・育成にぜひ、お役立てください。

平成三十年四月二十八日

大日蓮出版

目次

略称

法華経―新編妙法蓮華経並開結（大石寺版）

1 釈尊の生涯

誕生

釈尊は紀元前一千年頃、釈迦族の中心地・迦毘羅衛城《かびらえじょう》（カピラヴァストゥ）城主である浄飯王《じょうぼんのう》を父とし、摩耶夫人《まやぶにん》を母として四月八日に誕生し、幼名を「悉達多《しったるた》」と名づけられました。

母の摩耶夫人は、出産のため生家へ帰る途中、ルンビニーの花園で太子を出産しましたが、産後の経過が思わしくなく、出産の七日後に亡くなりました。そのため太子は、母の妹の摩訶波闍波提《まかはじゃはだい》によって養育されました。

釈尊の名称について

釈尊とは、「釈迦牟尼世尊《しゃかむにせそん》」の略称で、「釈迦」とは種族《しゅぞく》の名称、「牟尼」とは聖者《せいじゃ》、「世尊」とは仏のことを指します。釈迦族出身の聖者・釈尊は、一般に「仏陀《ぶっだ》」と称され、これは真理を悟《さと》った人（覚者《かくしゃ》）という意味です。

この仏陀である釈尊の説かれた教えを「仏教」と言います。

釈尊誕生の地・ルンビニー

出家

悉達多太子《しったるた》は、王位継承者として文武両道にわたる教育を受けるなか、生母と死別したということもあり、少年期より思索《しさく》にふけることが多く、次第に人生の無常《むじょう》などを考えるようになりました。

太子は十六歳の時に耶輸陀羅《やしゅだら》を妃《きさき》に迎え、一子・羅睺羅《らごら》をもうけたことにより、跡継ぎの問題が解決すると、かねて念願していた出家の志《こころざし》を果たすため、十九歳の年の十二月八日夜半、王宮を出て修行の道に入りました。

修行

出家した太子は、当時、バラモン教が盛んに行われていた南方の新興国である摩訶陀国《まかだこく》（マガダ）の首都・王舎城《おうしゃじょう》（ラージャグリハ）に向かいました。

出家に反対する父・浄飯王《じょうぼんのう》は、阿若憍陳如《あにゃきょうじんにょ》ら五人を遣《つか》わして太子に城へ帰るよう勧《すす》めましたが、太子の出家の意思が堅かったので、この五人を太子の侍者《じしゃ》として共に修行させることにしました。

釈尊の出家の動機

釈尊の出家の動機の一つになったものに四門出遊《しもんしゅつゆう》の故事が挙げられます。

ある時、太子が迦毘羅衛城《かびらえじょう》の東門から出ると老人に会い、南門より出ると病人に会い、西門から出ると死者に会い、生あれば、老・病・死もあると無常を感じ、さらに北門から出た時に一人の出家沙門《しゃもん》に出会ったと言います。太子は、世俗の汚れを離れた沙門の清浄《しょうじょう》な姿を見て、出家の意志を固めたと言われています。

まず太子は、禅定《ぜんじょう》の大家《たいか》と言われていた二人の仙人にそれぞれ師事《しじ》し、数論学《すろんがく》等を学んで禅定の極意《ごくい》を修得しましたが、人間の苦は禅定によって解決できないと悟って、そこを去りました。

その後、太子は尼連禅河《にれんぜんが》（ネーランジャラー河）の西岸にある森林に入り、呼吸を止める修行や、減食・絶食などの苦行を数年にわたって行いましたが、それらは心身を極度に消耗《しょうもう》するのみで、悩みを根本的に解決するものではありませんでした。そこで太子は苦行を捨て、尼連禅河で身を洗い清め、村の牧女・難陀婆羅《なんだばら》（スジャータ）から捧《ささ》げられた乳粥《ちちがゆ》を飲み、心身ともに回復することができました。

この姿を見た阿若憍陳如ら五人は、太子が苦行を捨てて堕落《だらく》したものと誤解し、別の修行を求めて波羅奈国《はらなこく》（バーラーナシー）の鹿野苑《ろくやおん》（サルナート）へと去って行きました。

成道

苦行の疲労から体力を回復した釈尊は、伽耶城《がやじょう》近くの森のアシュヴァッタ樹《じゅ》の下に座し、四十九日間にわたって独《ひと》り沈思黙想《ちんしもくそう》を続け、心身に沸《わ》き起こる様々な魔軍《まぐん》を降伏《ごうぶく》して、十二月八日の早暁《そうぎょう》、ついに悟り（正覚《しょうがく》）を開き、ここに仏陀《ぶっだ》（覚者《かくしゃ》）と成りました。この時、釈尊は三十歳でした。

これを「成道《じょうどう》」と言い、このことにちなんで、悟り

成道の地・ブッダガヤー

を得た地を「仏陀伽耶《ぶっだがや》（ブッダガヤー）」と呼び、アシュヴァッタ樹は「菩提樹《ぼだいじゅ》」と名づけられました。

初転法輪

まず釈尊は、悟りによって得た境地を二十一日間にわたって、菩薩《ぼさつ》たちに説示されました。これが華厳経《けごんぎょう》です。

釈尊は、この悟りの法を人々に対して説くべきか否《いな》かを思惟《しゆい》されましたが、梵天《ぼんてん》の願いを受けて説法する

初転法輪の地・サルナート

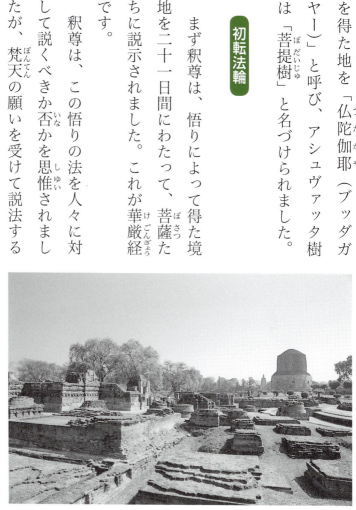

ことを決意し、かつて修行を共にした五人の侍者《じしゃ》を想い起こして鹿野苑《ろくやおん》（サルナート）に向かい、この五比丘《びく》に対し、四諦《したい》・八正道《はっしょうどう》の説法を行って教化《きょうけ》しました。この時の説法を「初転《しょてん》法輪《ぼうりん》」と言います。

四諦

迷いと悟りの因果関係を明かした四つの真理を言います。

現実の世界は苦であり〈苦諦〉、その原因は渇愛などの煩悩であり〈集諦〉、これを滅すれば苦も滅する〈滅諦〉、そのために八つの正しい道を行じなければならない〈道諦〉。

八正道

道諦の内容を構成したもので、悟りに至る八つの正しい道を言います。

①正見…正しい道理・見解を持つこと
②正思（惟）…正しい思考
③正語…正しい言葉
④正業…正しい行い
⑤正命…正しい生活法
⑥正精進…正しい努力
⑦正念…正しい念慮
⑧正定…正しい精神統一

弘教

ガンジス河流域の各地を巡《めぐ》って衆生を教化していた釈尊は、王舎城《おうしゃじょう》に向かう途上、迦葉《かしょう》三兄弟とその弟子千人の帰依《きえ》を受け、さらに王舎城に至っては、摩訶陀《まかだ》国王である頻婆娑羅《びんばしゃら》を教化しました。

次にナーランダー村では、二大バラモンの舎利弗《しゃりほつ》・目連《もくれん》が師事していたサンジャヤの弟子二百五十人を率いて仏弟子となり、また、故郷の迦毘羅《かびら》衛《え》城《じょう》に帰った時には、父の浄飯王《じょうぼんのう》、養母の摩《ま》訶波闍波提《かはじゃはだい》、妃《きさき》の耶輸《やしゅ》陀羅《だら》、長子の羅睺羅《らごら》、従弟《いとこ》の阿難《あなん》等、多くの同族を教化して弟子としました。

　その後も多くの者が弟子となり、特に舎利

釈尊十大弟子

釈尊は多くの弟子の中から、特に優れた能力や徳を有した十人の弟子を次のように称されました。

舎利弗《しゃりほつ》…仏説をよく理解したことから智慧第一
摩訶迦葉《まかかしょう》…衣食住に関して少欲知足に徹したことから頭陀《ずだ》第一
阿難《あなん》…常に釈尊に給仕して説法を聞いたことから多聞第一
須菩提《しゅぼだい》…よく空を悟ったことから解空第一
富楼那《ふるな》…説法に長けていたことから説法第一
目連《もくれん》…通力に長けていたことから神通第一
迦旃延《かせんねん》…よく外道を論破したことから論義第一
阿那律《あなりつ》…あらゆるものを見通す能力を得たことから天眼《てんげん》第一
優波離《うばり》…戒律を厳守することに優れていたことから持律第一
羅睺羅《らごら》…戒を微細に守り持《たも》つことに努めたことから密行第一

弗をはじめとする優《すぐ》れた十人の弟子は「十大弟子」と呼ばれています。

さらに、頻婆娑羅王《びんばしゃらおう》が竹林精舎《ちくりんしょうじゃ》を供養して国内の人々に対する教化を願い、また須達長者《すだつちょうじゃ》が深く帰依して祇園《ぎおん》精舎を供養するなど、釈尊の尊い教えに触れた人々が次々に弟子となり、外護者《げごしゃ》となっていきました。

しかし一方、従弟の提婆達多《だいばだった》など釈尊の化導を妨害する者もおり、「九横《くおう》の大難」と言われる様々な迫害もありました。

祇園精舎建立の縁由

「祇園精舎《ぎおんしょうじゃ》の鐘の音《こえ》…」（平家物語）で知られる祇園精舎とは、コーサラ国の舎衛城にあった僧院のことです。マガダ国の竹林精舎（仏教史における寺院第一号）、ビシャリ国の大林精舎と共に三大精舎と称されています。

須達《すだつ》（給孤独《ぎっこどく》）長者が、コーサラ国の祇陀《ぎだ》太子の所有する園林を購入し、精舎を建立しようとしました。長者の尊い志を知った太子は、その園林を喜んで寄進し、精舎の建設に協力しました。このことから両者の名をとって「祇樹給孤独園《ぎじゅぎっこどくおん》」、すなわち祇園精舎と呼ばれています。

釈尊は、三十歳で成道してより四十二年間にわたり、華厳経《けごんぎょう》をはじめとして阿含経《あごんぎょう》、方《ほう》等経《どうきょう》、般若経《はんにゃきょう》と順に法を説かれましたが、「四《し》十《じゅう》余《よ》年《ねん》には未《いま》だ真実を顕さず」（無量義経・法華経二三）と説かれ、これらの

	五時	説法の期間	その期間に説かれたお経
一	華厳時	21日間（他説あり）	大方広仏華厳経
二	阿含時	12年間	長阿含経・中阿含経・増一阿含経・雑阿含経（四阿含経）
三	方等時	16年間（他説あり）	勝鬘経・解深密経・楞伽経・維摩経・観無量寿経・無量寿経・阿弥陀経・大日経・金剛頂経・蘇悉地経等
四	般若時	14年間（他説あり）	摩訶般若経・光讃般若経・金剛般若経等
	※釈尊は「四十余年には未だ真実を顕さず」と説かれ、これまでの教えはすべて方便であることを明かす。		
五	法華時	8年間	**法華経**（開経の無量義経・結経の観普賢経）
五	涅槃時	一日一夜	大般涅槃経

教えは、衆生の機根《きこん》を調《ととの》えて真実の教えに導き入れるための方便《ほうべん》であると明かされます。

そして釈尊は、七十二歳の時から八年間にわたり、摩訶陀国《まかだこく》の霊鷲山《りょうじゅせん》と虚空《こくう》の二カ所において、法華経を説かれました。この法華経の説示こそ、釈尊がこの世に出現した一大目的であり、真実の教法だったのです。

法華経説法の地・霊鷲山

涅槃

八年間にわたって法華経を説かれた釈尊は、自らの入滅《にゅうめつ》が近いことを悟り、摩訶陀国を旅立って拘尸那掲羅《くしながら》(クシナーラ)に向かいました。拘尸那掲羅に着くと釈尊は、一日一夜の説法と言われる涅槃経《ねはんぎょう》を説かれました。そして沙羅林《さらりん》の沙羅双樹《さらそうじゅ》の間に頭を北に向け、右脇《みぎわき》を下にして臥《ふ》し、心安らかに入滅の時

入滅の地・クシナーラ

を待たれました。こうして釈尊は悲しむ弟子らを諭《さと》し、紀元前九四九年二月十五日、安祥《あんじょう》として八十歳で入滅されました。

この入滅の時には、大地が震動し、天鼓《てんく》が鳴り、沙羅双樹《さらそうじゅ》は白色に変じたと言います。この時、十大弟子の阿難《あなん》、阿那律《あなりつ》等の比丘《びく》たちは入滅を悼《いた》む詩偈《しげ》を唱え、さらに阿難と阿那律の法話をもってその夜を過ごしました。

そしていよいよ荼毘《だび》に付されることになり、在家の代表者が点火しようとしましたが、火はつくことなく七日間が経ち、やがて嗣法《しほう》の弟子である摩訶迦葉《まかかしょう》が到着し、その手によって、ようやく火葬することができたと言われています。

その後、弟子たちは、遺骨と灰《はい》を分配して八つの舎利《しゃり》塔と瓶《びょう》塔・灰塔の十塔を建立し、釈尊を恭敬礼拝《くぎょうらいはい》し続けました。

シュラーヴァスティー
カピラヴァストゥ
ルンビニー（生誕）
コーサラ国
ガンジス河
クシナーラ（入滅）
サルナート
（初転法輪）
マガダ国
バーラーナシー
（ベナレス）
カーシー国
ナーランダー
ラージャグリハ
霊鷲山
ブッダガヤー
（成道）
ネーランジャラー河
インド

2 釈尊一代の教え

五時八教

五　時

「五時」とは、中国の天台大師《てんだいだいし》が、釈尊一代の化導を説法の順序に従って、華厳時《けごんじ》・阿含時《あごんじ》・方等時《ほうどうじ》・般若時《はんにゃじ》・法華涅槃時《ほっけねはんじ》の五期に分類したものを言います。

華厳時

釈尊は、三十歳の時、中インド・摩訶陀国《まかだこく》の伽耶城《がやじょう》に近い菩提樹《ぼだいじゅ》のもとで成道したあと、海印三昧《かいいんざんまい》という禅定《ぜんじょう》に入り、その境地のなかにおいて十方世界から来集した法慧《ほうえ》・功徳林《くどくりん》・金剛幢《こんごうどう》・金剛蔵《こんごうぞう》の四大菩薩や、大乗根《だいじょう》性の凡夫《ぼんぶ》の機類《きるい》に対して、二十一日間にわたり華厳経《けごんぎょう》を説示しました。この時期を「華厳時」と言います。

この華厳時の説法は、釈尊が衆生の機根を量るため、試《こころ》みに高尚《こうしょう》な教えを説いたものであり、仏の化導の上から、これを「擬宜《ぎぎ》（よろしきところをおしはかる）」と言います。この説法では、いまだ機根が熟していない衆生は、まったく理解することも利益を受けることもできませんでした。

華厳経は教義の浅深から言えば、般若経《はんにゃきょう》より深く、法華経より浅い権大《ごんだい》乗《じょう》の経典です。この権大乗の「権」とは、「仮《か》り」という意です。

この華厳経を主に依経《えきょう》として宗旨を立てているのが、奈良東大寺に代表される華厳宗です。

阿含時（鹿苑時）

釈尊は、華厳《けごん》の教えを説示されたのち、菩提樹《ぼだいじゅ》のもとを起《た》ち、波羅奈国《はらなこく》の鹿野苑《ろくやおん》に赴《おもむ》いて阿若憍陳如《あにゃきょうじんにょ》等の五比丘《びく》に対して法を説き、その後、十二年間にわたり広く十六大国に遊化《ゆけ》しました。この間、釈尊は未熟な機根に対して「誘引《ゆういん》」するために、最も初歩的な教えである四阿含経《しあごんぎょう》（長《じょう》阿含・中《ちゅう》阿含・増一《ぞういつ》阿含・雑《ぞう》阿含）を説かれました。したがって、この時期を「阿含時《あごんじ》」と言い、また、鹿野苑で説き始めたことから「鹿苑時《ろくおんじ》」とも言います。

これらの教えによって人々は、外道の誤った因果観から離れることができましたが、空理《くうり》のみに執着し、もっぱら自己の得脱《とくだつ》だけを目指すという狭《せま》い境界に陥《おちい》りました。このことから、阿含経を小さな乗り物に譬《たと》えて「小乗」と称しています。

この阿含経を主に依経《えきょう》とする宗派として、奈良仏教の倶舎宗《くしゃしゅう》・成実宗《じょうじつしゅう》・律宗等があります。

方等時

方等時《ほうどうじ》とは、釈尊が阿含《あごん》時の次に説法された十六年間（八年間の説もあり）を言い、ここでは勝鬘経《しょうまんぎょう》、解深密経《げじんみっきょう》、楞伽経《りょうがきょう》、維摩経《ゆいまきょう》、観無量寿経《かんむりょうじゅきょう》（観経）、無量寿経《むりょうじゅきょう》（双観経《そうかんぎょう》）、阿弥陀経《あみだきょう》、大日経《だいにちきょう》、金剛頂経《こんごうちょうきょう》、蘇悉地経《そしつじきょう》、首楞厳経《しゅりょうごんきょう》、金光明経《こんこうみょうきょう》等、数多くの権《ごん》大乗の教えが説かれています。

釈尊は、この方等時の説法で阿含の小乗教に固執する弟子たちに対し、大乗の教えが優れていることを比較して示し、小乗の空理を弾劾《だんがい》・呵責《かしゃく》して、弟子たちに恥小慕大《ちしょうぼだい》（小乗を恥《は》じて大乗を慕《した》うこと）の心を起こさせました。したがって、この方等時の化導を「弾呵《だんか》」と言います。

方等時の経典を主に依経《えきょう》とする宗派には、浄土宗・浄土真宗・真言宗・法相宗・禅宗等が挙げられます。

般若時

般若時《はんにゃじ》とは、方等《ほうどう》時の次に説法された十四年間（二十二年間の説もあり）を言い、霊鷲山《りょうじゅせん》や白鷺池《びゃくろじ》で、摩訶般若《まかはんにゃ》・光讃《こうさん》般若・勝天王《しょうてんのう》般若・金剛《こんごう》般若・仁王護国《にんのうごこく》般若等の般若波羅蜜経《はんにゃはらみっきょう》が説かれました。

釈尊は、この般若時において、前の方等時で小乗を捨てて大乗を求める志を持った弟子たちに対し、仏の教法には本来、大乗と小乗との区別はなく、すべてが大乗教であることを知らしめました。これによって小乗が劣るという考えを篩《ふる》い落として精選《せいせん》し、すべてを大乗の教えに統一したのです。これを「淘汰《とうた》」と言い、また「般若の法開会《ほうかいえ》」とも言います。

しかし、ここで説かれた経典は、いまだ真実を顕したものではなく、法華経に導くための権大乗の教えでした。

釈尊滅後、正法時代の論師である竜樹《りゅうじゅ》は、この般若時に説かれた摩訶般若波羅蜜経の注釈書として『大智度論《だいちどろん》』を、さらに般若経の教理の体系として『中論《ちゅうろん》』を著しています。この中論等を基《もと》とする宗派には、奈良仏教における三論宗がありました。

なお現在、諸宗で写経などに用いられている般若心経は、この般若時に説かれたものです。

法華涅槃時

釈尊は、七十二歳より八年間にわたり、摩訶陀国《まかだこく》の霊鷲山《りょうじゅせん》および虚空会《こくうえ》において法華経を説かれ、さらに涅槃《ねはん》の直前の一日一夜、沙羅林《さらりん》において涅槃経《ねはんぎょう》を説かれました。この時期を法華涅槃時と言います。

法華時

釈尊は法華経の開経である無量義経において、

「種種説法。以方便力《いほうべんりき》。四十余年。未顕真実《みけんしんじつ》」（法華経二三）

と説かれています。これは、釈尊が成道してより四十二年間に説かれた教え（爾前経《にぜんぎょう》）は方便（権《か》り）の教えであり、それらの教法では成仏することができないことを示され、これから説かれる法華経のみが真の成仏の教えであるとの宣言にほかなりません。

釈尊が方便の教えを設けた理由は、仏の悟りである法華経に対する衆生の機根がまちまちであったためで、その根性の融和《ゆうわ》を図るため、四十二年間にわたり、蔵《ぞう》・通《つう》・別《べつ》・円の教理を説き、頓《とん》・漸《ぜん》・秘密・不定《ふじょう》の説法を用い、擬宜《ぎぎ》・誘引《ゆういん》・弾呵《だんか》・淘汰《とうた》の化導を施《ほどこ》してきたのです。

したがって、法華経の説法では、声聞《しょうもん》・縁覚・菩薩の三乗の人々に対し、もはや方便の教えは必要なく、ただ純円一実《じゅんえんいちじつ》の教法が説かれたのです。この法華時における化導を「開会《かいえ》」と言い、この開会を明かされた法華経こそ、釈尊一代にわたる最勝の教えであり、実大乗教なのです。

なお、法華経は釈尊が証得された大法を、仏自身の意に随《したが》って説き示されたことから「随自意《ずいじい》」の教えと言います。これに対して爾前経は、衆生の性質や願望に応じて説かれたことから「随他意《ずいたい》」の教えと言い、釈尊の真意ではありません。

この法華経を依経《えきょう》とする宗派には、日蓮正宗のほかに天台宗や日蓮宗等があります。

涅槃時

釈尊は、究極の法である法華経を説いたのち、入滅に臨《のぞ》んで涅槃経《ねはんぎょう》を説かれました。

この経は、法華経の会座《えざ》より退去した五千人の増上慢《ぞうじょうまん》の者をはじめ、釈尊一代の教化に漏《も》れ、成仏できなかった人々のために説かれたものです。

したがって、法華経が一切衆生を成仏せしめることを秋の収穫（大収）に譬えるのに対し、涅槃経はその後の落ち穂《ぼ》拾い（捃拾《くんじゅう》）に譬えられます。

涅槃経には、仏身が常住であることや、仏説には隔《へだ》てのないことなどが説かれ、さらに「一切衆生・悉有仏性《しつうぶっしょう》」の教義が示されています。このことから天台大師《てんだいだいし》は、法華経の「一切衆生・皆成仏道《かいじょうぶつどう》」と説かれる教理と同じとして、涅槃経を法華経と同じ第五時に配しています。

しかし涅槃経には、爾前権教《にぜんごんぎょう》の内容も重ねて説かれていることから、純《じゅん》円無雑《えんむぞう》の法華経と比較すれば、はるかに劣るものになります。

この涅槃経を依経《えきょう》とする仏教の宗派は、中国仏教の涅槃宗等が挙げられますが、日本には存在していません。

また涅槃経では、仏の教えが次第に深くなっていく相を、牛乳の精製の過程で生ずる五味《ごみ》（乳味《にゅうみ》・酪味《らくみ》・生酥味《しょうそみ》・熟酥味《じゅくそみ》・醍醐味《だいごみ》）に譬えています。これを天台大師は仏の五時の説法の次第に準じ、華厳《けごん》・阿含《あごん》・方等《ほうどう》・般若《はんにゃ》を前の四味とし、最後の法華・涅槃の経が極説の醍醐味に当たると説きました。

■八　教

「八教」とは、天台大師《てんだいだいし》が釈尊一代五十年の説法を「化法《けほう》の四教」（教えの内容）と「化儀《けぎ》の四教」（説法の形式・方法）に分類したものです。

●化法の四教

蔵　教

蔵教《ぞう》とは三蔵教の略称で、三蔵とは経蔵（経典）・律蔵（戒律）・論蔵（解説）を言います。

この三蔵は、本来、小乗教・大乗教の双方に備わっているものですが、天台大師は法華経安楽行品第十四《あんらくぎょうほん》の、

「貪著《とんじゃく》小乗　三蔵学者」（法華経三八三）の経文を、「小乗に貪著する三蔵の学者」と読み、このことから小乗教を指して三蔵教と称しています。

蔵教は声聞《しょうもん》・縁覚《えんがく》の二乗を正機《しょうき》とし、菩薩を傍機《ぼうき》として説かれた教えです。その教義は、三界（欲界《よっかい》・色界《しきかい》・無色界《むしきかい》）・六道（地獄《じごく》・餓鬼《がき》・畜《ちく》生《しょう》・修羅《しゅら》・人間・天上）の苦しみが前世における煩悩《ぼんのう》（見思惑《けんじわく》）と、そこからもたらされる業《ごう》（行い）の報いによるものであるとし、この煩悩を断ずるためには、空理を悟るべきことを説いています。

蔵教の空理観は、一切の事物を構成要素に分析していき、それらは因縁が尽きれば滅して空《くう》になると観《み》る「析空観《しゃっくうかん》」を説いています。

この空理観に基づき、声聞は四諦《したい》、縁覚は十二因縁、菩薩は六度を修行して、見思惑という煩悩を断尽《だんじん》し、再び三界六道の苦界に生を受けることがなくなるということを蔵教の悟り（涅槃《ねはん》）としています。見思惑《けんじわく》とは、道理に迷う煩悩（見惑《けんわく》）と、感情的な煩悩（思惑《しわく》）のことをいいます。

これらの煩悩は、肉体があるかぎり心を惑《まど》わすものですから、灰身滅智《けしんめっち》（身を灰にし心智を滅失すること）によって、初めて真の涅槃に入ることができるとされています。この悟りを「無余涅槃《むよねはん》」と言います。

このような蔵教の空理観は、現実を否定し、すべての実体をただ空の一辺のみと見るところから「但空《たんくう》の理」と言われ、また偏《かたよ》った真

三乗の修行

〔声聞〕四諦	〔縁覚〕十二因縁		〔菩薩〕六度
①苦諦《くたい》	①無明《むみょう》	⑦受《じゅ》	①布施《ふせ》
②集諦《じったい》	②行《ぎょう》	⑧愛《あい》	②持戒《じかい》
③滅諦《めったい》	③識《しき》	⑨取《しゅ》	③忍辱《にんにく》
④道諦《どうたい》	④名色《みょうしき》	⑩有《う》	④精進《しょうじん》
	⑤六入《ろくにゅう》	⑪生《しょう》	⑤禅定《ぜんじょう》
	⑥触《そく》	⑫老死《ろうし》	⑥智慧《ちえ》

理であることから「偏真《へんしん》の理」とも言われます。

通教

通教《つう》は、前の蔵教《ぞう》では傍機《ぼうき》であった菩薩を正機《しょうき》とし、声聞《しょうもん》・縁覚《えんがく》を傍機として説いた権《ごん》大乗の教えです。

通教の通とは、ここで説く「当体即空《とうたいそくくう》」の空理が前の蔵教の空理に通じ、また、のちの別《べっ》教と円《えん》教にも通じるという意味です。

通教では、三界六道の苦果から脱《のが》れるための観法として、因縁によって生じた諸法の当体はもともと存在せず、それ自体が空《くう》（当体即空）であるという「体空観《たいくうかん》」を説いています。

この通教において三乗の人々は、それぞれに無生《むしょう》の四諦《したい》、十二因縁、六度を修行しましたが、その悟りの内容は機根の利鈍《りどん》の差により、同一の結果とはなりませんでした。すなわち、鈍根《どんこん》の菩薩や声聞・縁覚の二乗は、「当体即空」を聞いて蔵教と同じく「但空《たんくう》」を悟るに止《とど》まり、利根《りこん》の菩薩は、この当体におのずから有《う》の存在を含み、ただ単なる空ではないという中道の妙理が含まれている「不但空《ふたんくう》の理」を悟るというものでした。

したがって、この通教の説かれた主な目的は、利根の菩薩に不但空の理を悟らせ、次の別教や円教の修行に進ませるところにありました。

別教

別《べっ》教は、菩薩のみに説かれた教えで、前の蔵《ぞう》・通二教やのちの円教とも異なることから、その名があります。

ここでは、前の二教が空理のみを説くのに対し、広く空《くう》・仮《け》・中《ちゅう》の三諦《さんたい》を明かしています。

「空諦」とは、あらゆる存在には固定した実体がないことを言い、「仮諦」とは、あらゆる存在は因縁によって、仮りにその姿が現れていることを言い、「中諦」とは、あらゆる存在は空でもなく仮でもなく、しかも空であり仮でもあるという、空・仮の二辺を超越したところを言い、ここに不偏《ふへん》の真実があるとします。

しかし、別教で説かれる空・仮・中の三諦は、互いに融合《ゆうごう》することなく、それぞれが隔《へだ》たっていることから「隔歴《きゃくりゃく》の三諦」と言われ、一切の事物について差別のみが説かれて、融和《ゆうわ》が説かれていないという欠陥《けっかん》があります。ここで説かれる中諦は、空・仮の二辺を離れた単なる中道であるため、これを「但中《たんちゅう》の理」と言います。

さらにこの別教では、大乗の菩薩に対し、仏道修行を妨げる煩悩《ぼんのう》として見思惑《けんじわく》・塵沙惑《じんじゃわく》・無明惑《むみょうわく》の三惑《さんわく》が明かされ、この三惑を断ずるために、十信、十住、十行、十回向《えこう》、十地、等覚《とうがく》、妙覚と次第して進む五十二位の修行の段階が説かれています。

また別教では、蔵・通二教で説かれた三界六道のほかに、四聖《ししょう》（声聞《しょうもん》・縁覚《えんがく》・菩薩・仏）を含む十界すべての因果を明かしていますが、それぞれの境界は隔別《きゃくべつ》しており、十界互具《じっかいごぐ》する義は説かれていません。

このように三諦円融《えんゆう》の義もなく、十界の融通《ゆうずう》・互具の義もない別教は、いまだ完全な教えではないのです。

円教

円《えん》教とは、宇宙法界の一切が円満に融合《ゆうごう》し、不可思議な当体であることを明かした教えです。

円教では、空《くう》・仮《け》・中《ちゅう》の三諦《さんたい》は孤立することなく、一諦の中にそれぞれ三諦を具えて、一諦即三諦・三諦即一諦の関係が説かれています。これを「円融《えんゆう》の三諦」と言います。この円融の三諦は、法界に存在する個体も法界全体も、ことごとく中道不思議の妙体であるとするもので、ここで説かれる中道は別教の「但中《たんちゅう》」に対し、「不但中《ふたんちゅう》」と言います。

また、円教においては十界互具《じっかいごぐ》が説かれ、九界の生命も仏界に具足し、仏界の生命もまた九界の衆生に具有することが明かされています。

これら三諦の円融や十界の互具を説き明かした円教は、完全な教えであり、仏の究極の悟りなのです。

この三諦円融・十界互具の原理を基《もとい》として、法華経には一念三千という法門が明かされています。この法門を信ずることによって、我が身と宇宙法界が円融相即し、これまで断滅《だんめつ》すべきものとされていた煩悩《ぼんのう》・五欲も断ずる必要はなく、凡夫《ぼんぷ》の身をそのまま仏と開く即身成仏の義を明かすものです。

なお、円教の理は華厳時《けごんじ》・方等時《ほうどうじ》・般若時《はんにゃじ》にも一往、説かれていますが、蔵《ぞう》・通《つう》・別《べつ》の方便教と混合しているため、純粋な教えではありません。このため、それらは「爾前《にぜん》の円」と言われています。これに対して、法華経は純粋に円融・円満の教義が明かされた教えであり、これを「純円独妙《じゅんえんどくみょう》」と言います。

●化儀の四教

頓教

頓《とん》教の頓とは「ただちに」の意であり、仏が衆生の機根にかかわらず、大乗の教法をすみやかに説かれたことを言います。華厳時《けごんじ》ではこの説法形式が用いられ、その内容は、円教《えんきょう》と別教《べっきょう》を兼《か》ねて説かれています。

漸教

漸《ぜん》教の漸とは「漸《よう》く」と読み、「次第に進む」の意で、仏が衆生の機根に応じて浅い教えから深い教えへと次第に誘引《ゆういん》することを言います。この説法形式は、阿含《あごん》時・方等《ほうどう》時・般若《はんにゃ》時に当たります。

この漸教は、阿含時ではただ蔵教（小乗）のみが説かれ、方等時では小乗（蔵《ぞう》教）と大乗（通《つう》教・別《べっ》教・円《えん》教）とを対比して説かれ、般若時では、円教に通・別の二教を帯《お》びて説かれました。

秘密教

秘密《ひみつ》教は秘密不定《ふじょう》教とも言い、仏の説法を聴《き》く衆生が、互いにその存在を知らず（秘密）、同じ教えを聴きながらもそれぞれ機根に応じて聞き方を異にし（同聴異聞《どうちょういもん》）、その得益《とくやく》が一定しない（不定）という化導法を言います。この説法の方法は華厳《けごん》時の一部や、阿含《あごん》時・方等《ほうどう》時・般若《はんにゃ》時に当たります。

不定教

不定《ふじょう》教は顕露《けんろ》不定教とも言い、仏の説法を聴く衆生が、互いにその存在を知り（顕露《けんろ》）ながらも秘密《ひみつ》教と同じ同聴異聞《どうちょういもん》であったため、衆生の得益が不定であるという化導法を言います。この説法方法は前の秘密教と同じく、華厳《けごん》時の一部や阿含《あごん》時・方等《ほうどう》時・般若《はんにゃ》時に当たります。

このように仏が様々な手段・方法をもって説法されたのは、衆生の機根を徐々に調《ととの》えて真実無上の法華経に導き衆生の得脱《とくだつ》を図るためでした。この法華経は、仏の悟りをそのままに説かれた純粋な円教であり、また化《け》法《ほう》・化儀《けぎ》の八教を超越しているところから、「超八醍醐《ちょうはちだいご》」と言われます。

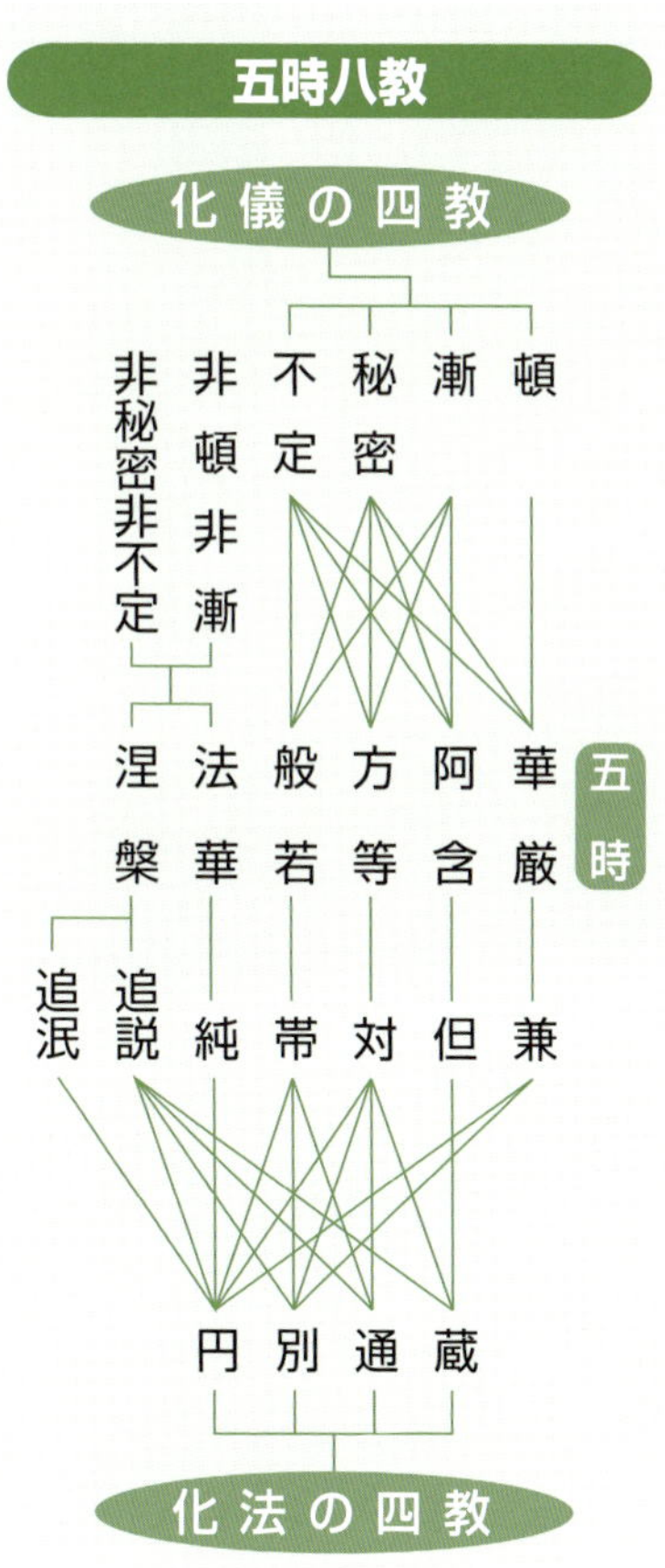

釈尊一代の説法と化導の展開表

	場所	期間	経典	位	五味	教導	化法	化儀	主に依経としている宗派
第一 華厳時	摩訶陀国・伽耶城付近の菩提樹下	三七日（二十一日）間 三〇歳	大方広仏華厳経	権大乗教	乳味	擬宜	別・円の二教（兼）	頓教	華厳宗
第二 阿含時	波羅奈国・鹿野苑、十六大国等	十二年間 三〇歳～四二歳	四阿含経（長阿含・中阿含 増一阿含・雑阿含）	小乗教	酪味	誘引	蔵教（但）	漸教	倶舎宗・成実宗 律宗等
第三 方等時	欲界・色界の中間、大宝坊等	十六年間（八年間説あり） 四二歳～五八歳（五〇歳）	勝鬘経・解深密経・楞伽経・維摩経・観無量寿経・無量寿経・阿弥陀経・大日経・金剛頂経・蘇悉地経等	権大乗教	生酥味	弾呵	蔵・通・別・円の四教（対）	漸教（秘密・不定教あり）	浄土宗・浄土真宗・真言宗・法相宗・禅宗等
第四 般若時	摩訶陀国（霊鷲山・白鷺池）等の四処十六会	十四年間（二十二年間説あり） 五八歳（五〇歳）～七二歳	摩訶般若経 光讃般若経 金剛般若経等	権大乗教	熟酥味	淘汰	通・別・円の三教（帯）	漸教（秘密・不定教あり）	三論宗
第五 法華涅槃時 法華時	摩訶陀国・霊鷲山 虚空会の二処三会	八年間 七二歳～八〇歳	法華経（開経の無量義経 結経の観普賢経あり）	実大乗教	醍醐味	開会	円教（純）	非頓・非漸・非秘密・非不定	日蓮正宗・天台宗 日蓮宗等
第五 法華涅槃時 涅槃時	拘尸那掲羅の沙羅林	一日一夜 八〇歳	大般涅槃経	権大乗教	醍醐味	捃拾	蔵・通・別・円の四教（追説・追泯）	非頓・非漸・非秘密・非不定	涅槃宗等

3 法華経

釈尊は成道《じょうどう》を遂《と》げたあと、四十二年の間、衆生の機根に応じて多くの経々を説きました。しかし、これらの諸経は「法華経」という最勝真実の教えに導くための方便（権《か》りの教え）であったと、釈尊は述べられています。

すなわち法華経の方便品第二に、

「正直に方便を捨てて　但《ただ》無上道を説く」（法華経一一四）

と説かれ、また法師品《ほっしほん》第十にも、

「此の経は、方便の門を開いて真実の相《そう》を示す」（同三二八）

と説かれるように、法華経こそが真実無上の教えであることを明かされています。

法華経の漢訳と題号

法華経の漢訳

法華経の原本は、インドおよび周辺の各地で発掘されていますが、これらはすべて古代インドの言語であるサンスクリット語（梵語《ぼんご》）で書かれており、それぞれの内容に大小の違いがありました。また、それぞれの梵本《ぼんぽん》に従《したが》って、後代の僧侶らが翻訳《ほんやく》し、次の六種の漢訳本が生じました。

一、法華三昧経《ほっけざんまいきょう》（六巻）――正無畏《しょうむい》訳　魏《ぎ》の時代（二五六年）
二、薩曇分陀利経《さつどんふんだりきょう》（六巻）――竺法護《じくほうご》訳　西晋《せいしん》時代（二六五年）
三、正法華経《しょうほけきょう》（十巻）――竺法護訳　西晋時代（二八六年）
四、方等《ほうどう》法華経（五巻）――支道根《しどうこん》訳　東晋《とうしん》時代（三三五年）
五、妙法蓮華経《みょうほうれんげきょう》（八巻）――鳩摩羅什《くまらじゅう》訳　後秦《こうしん》時代（四〇六年）
六、添品《てんぽん》法華経（七巻）――闍那崛多《じゃなくった》・笈多《ぎゅうた》訳　隋《ずい》の時代（六〇一年）

このうち、正法華経・妙法蓮華経・添品法華経の三訳の経典が現存していることから、法華経の漢訳本のことを「六訳三存《ろくやくさんぞん》」と言います。なかでも鳩摩羅什訳の妙法蓮華経は、内容・文体ともに優れ、釈尊の真意を最も正しく伝える経典として広く用いられています。

法華経の題号

妙法蓮華経は五世紀の初め、中国・後秦《こうしん》（姚興《ようこう》）の時代に、鳩摩羅什《くまらじゅう》（羅什三蔵）が梵語《ぼんご》の経題「Saddharmapuṇḍarīka-sūtra（音写文字＝薩達磨芬陀《さだるまふんだ》梨伽蘇多覧《りかそたらん》）」を漢訳したものです。それは、

「Sad（t）＝薩」を、「正しい」「不思議な」「優れた」等の意から「妙」

「dharma＝達磨」を、「教え」「真理」の意から「法」

「puṇḍarīka＝芬陀梨伽」を、「白蓮華《びゃくれんげ》」の意から「蓮華」

「sūtra＝蘇多覧」を、「仏の説いた経典」の意から「経」としたもので、これらのことから、法華経の題号である「妙法蓮華経」とは、「仏の悟られた真理」を意味するものであることが解ります。

さらに、中国の天台大師《てんだいだいし》は『法華玄義《ほっけげんぎ》』において、妙法蓮華経の五字を名《みょう》・体《たい》・宗《しゅう》・用《ゆう》・教《きょう》の五重玄《ごじゅうげん》の上から解釈し、妙法に具わる深遠な意義を説示されています。

■法華経の会座 ──二処三会──

法華経の会座《えざ》（説法の場所）について序品《じょほん》第一に、

「仏、王舎城《おうしゃじょう》耆闍崛山《ぎしゃくっせん》の中に住《じゅう》したまい」（法華経五五）

とあるように、法華経は中インドの摩訶陀国《まかだこく》の首都・王舎城の東北に位置している耆闍崛山で説かれました。耆闍崛山とは梵語《ぼんご》の「Grdhrak-ūta-parvata」に音写文字を当てたもので、「霊鷲山《りょうじゅせん》」のことを言います。

釈尊は法華経をこの「霊鷲山」で説き始め、次に会座を「虚空《こくう》」へ移して肝要の法を説き明かし、再び「霊鷲山」に戻って滅後の流通《るつう》のための教えを説かれました。

このように説法の場所が「霊鷲山」と「虚空」の二カ処《しょ》で、「前霊鷲山会《え》」「虚空会」「後霊鷲山会」の順で三回にわたって行われたことを「二処《にしょ》三会《さんね》」と言います。

法華経の構成と各品の大意

法華経は一部八巻二十八品から構成されていますが、開経《かいきょう》の無量義経《むりょうぎきょう》一巻と、結経《けっきょう》の観普賢菩薩行法経《かんふげんぼさつぎょうぼうきょう》一巻とを加えて、「法華三部経」とも「法華経十巻」とも言われます。

法華経序品《じょほん》第一から安楽行品《あんらくぎょうほん》第十四までの前半十四品を「迹門《しゃくもん》」と言い、後半の従地涌出品《じゅうじゆじゅっぽん》第十五から普賢菩薩勧発品《ふげんぼさつかんぼっぽん》第二十八までの十四品を「本門」と言います。

本門の「本」とは、仏・菩薩の本来の境地《きょうち》（本地）、またその本体を指し、迹門の「迹」とは、本地・本体に対する影（垂迹《すいじゃく》）の意味で、仏・菩薩が衆生済度《さいど》のため種々に化身《けしん》を現すことを言います。また「門」とは、真実の教えに入るとの意です。

なお、法華経は「序分《じょぶん》」「正宗分《しょうしゅう》」「流通分《るつう》」の立て分けをもって説法されており、序分とは序論、正宗分とは本論、流通分とは教法を後世に流布することを言います。

法華経二十八品の構成

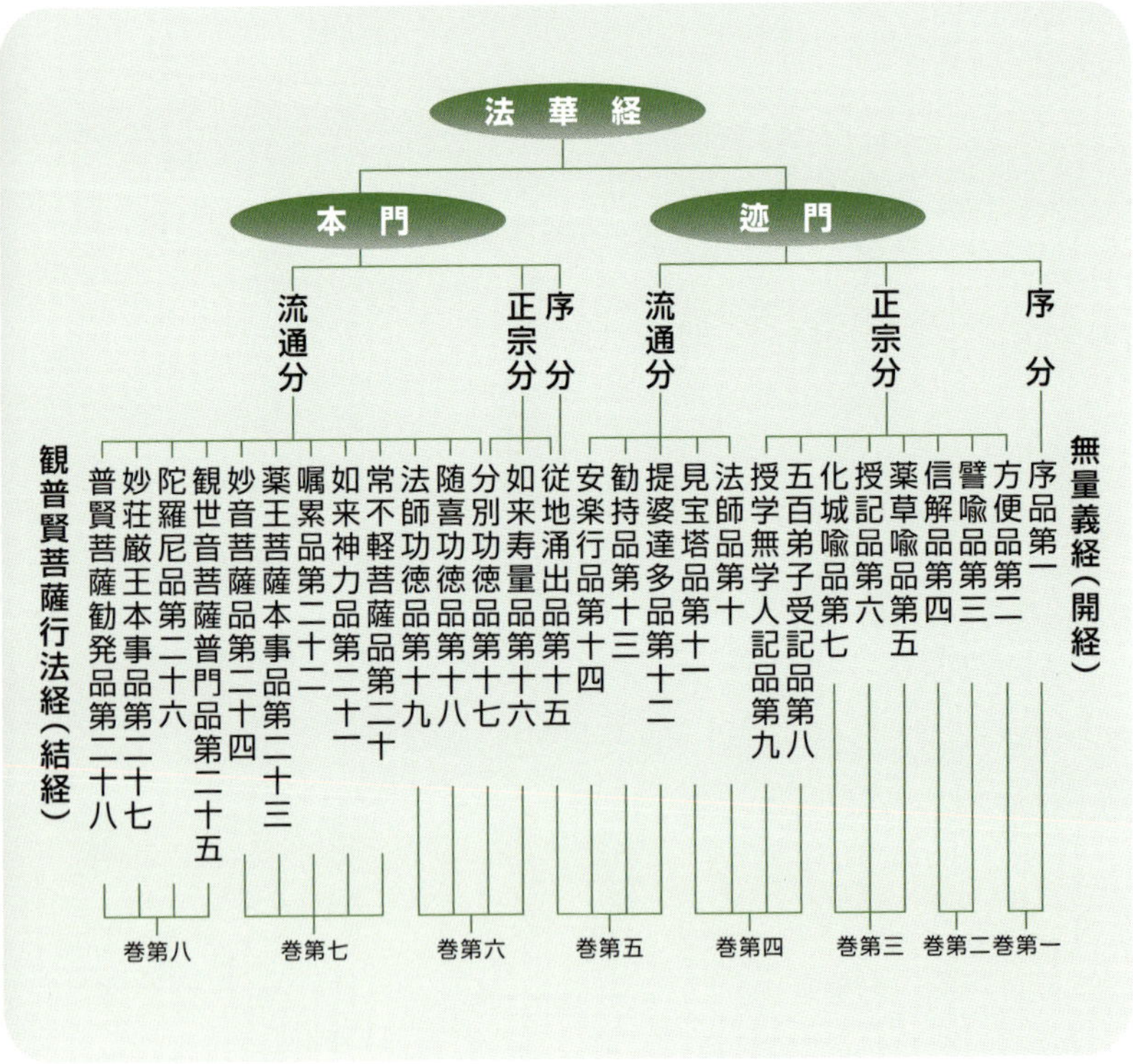

法華経
本門
迹門
序分
正宗分
流通分
序分
正宗分
流通分
無量義経（開経）
序品第一
方便品第二
譬喩品第三
信解品第四
薬草喩品第五
授記品第六
化城喩品第七
五百弟子受記品第八
授学無学人記品第九
法師品第十
見宝塔品第十一
提婆達多品第十二
勧持品第十三
安楽行品第十四
従地涌出品第十五
如来寿量品第十六
分別功徳品第十七
随喜功徳品第十八
法師功徳品第十九
常不軽菩薩品第二十
如来神力品第二十一
嘱累品第二十二
薬王菩薩本事品第二十三
妙音菩薩品第二十四
観世音菩薩普門品第二十五
陀羅尼品第二十六
妙荘厳王本事品第二十七
普賢菩薩勧発品第二十八
観普賢菩薩行法経（結経）
巻第一
巻第二
巻第三
巻第四
巻第五
巻第六
巻第七
巻第八

迹門十四品

序品第一《じょほん》は、法華経二十八品の序分（総序《そうじょ》）であるとともに、迹門の別《べつ》序《じょ》に当たります。

この品では、釈尊は大衆を前にして無量義経を説いたあと、三昧《さんまい》に入られ、不思議な瑞相《ずいそう》を現ぜられました。これに驚く弥勒《みろく》菩薩らの疑問に対し、文殊《もんじゅ》菩薩は、この瑞相は過去の日月燈明仏《にちがつとうみょうぶつ》が示したものと同じであり、釈尊も同様に、この三昧から起《た》たれたあとに法華経を説法されるであろうと答述《とうじゅつ》しています。

方便品第二《ほうべんぽん》では、三昧より起《た》たれた釈尊が、問われることなく自ら進んで説法を開始し（無問自説《むもんじせつ》）、舎利弗《しゃりほつ》に対して諸法実相・一念三千の法門を明かされました。

その後、五千人の上慢《じょうまん》の四衆（比丘《びく》・比丘尼《びくに》・優婆塞《うばそく》・優婆夷《うばい》）が退座して純実な衆生のみになったことにより、仏はこの世に出現された「一大事因縁」を示され、その目的が衆生に仏知見《ぶっちけん》を開かしめ、示し、悟らせ、入らしめんとすること（開示悟入《かいじごにゅう》）にあると説かれました。

そして、五仏（総諸仏・過去仏・現在仏・未来仏・釈迦仏）はすべて、衆生を教化するために、必ず前に方便の三乗法を説いて衆生の機根を調《ととの》え、最後に一仏乗の法華経を本懐《ほんがい》（本意）として説くことを明かされました。

譬喩品《ひゆほん》第三は二段に分けられ、前半は方便品の諸法実相の妙理である開《かい》三顕一《さんけんいち》を信解《しんげ》した上根《じょうこん》の舎利弗に対し、釈尊は未来世での成仏を約束され（記別《きべつ》）、さらに後半では、未領解《みりょうげ》の四大声聞《しょうもん》（迦葉《かしょう》・目連《もくれん》・須菩提《しゅぼだい》・迦旃《かせん》延《ねん》）に対し、「三車火宅《さんしゃかたく》の譬え」をもって開三顕一の法門を理解させようとしました。

なお、この品末には十四種の法華誹謗《ひぼう》（十四誹謗《じゅうしひぼう》）が説かれています。

信解品第四《しんげほん》では、中根の四大声聞が、前品の譬喩《ひゆ》を領解《りょうげ》したことを「長《ちょう》者窮子《じゃぐうじ》の譬え」をもって述べています。この譬えは、窮子が父の長者によって徐々に教化される姿を通し、四大声聞が釈尊一代の説法を五時（華厳《けごん》・阿含《あごん》・方等《ほうどう》・般若《はんにゃ》・法華）に分別して理解した旨を述べたものです。

薬草喩品第五《やくそうゆほん》では、前品で四大声聞が「長者窮子の譬え」をもって領解したことを述べたのに対し、釈尊はその理解力を誉《ほ》め、さらに仏の功徳の甚大なることを一段と深く理解させるために、大雲による雨の潤《うるお》いで育つ「三草二木《さんそうにもく》の譬え」を説かれました。

この譬えは、「本来、仏の実相の法は一相一味《いっそういちみ》であるが、衆生の境界《きょうがい》に三乗・五乗と差別があるために受ける功徳は異なる」ことを示され、その上で一仏乗の法華経によって、すべての衆生が平等に成仏できることを説かれたものです。

この品の前半には、

「現世安穏《げんぜあんのん》。後生善処《ごしょうぜんしょ》」（法華経二一七）

として、法華信仰の功徳を示されています。

授記品《じゅきほん》第六では、仏が前品の譬えを聞いて領解した中根の四大声聞に、記別（未来における成仏の証明）を授《さず》けます。

化城喩品《けじょうゆほん》第七では、さらに未領解の下根《げこん》の声聞衆に対し、久遠三千塵点劫《くおんさんぜんじんでんごう》以来の宿世の因縁を説いて得道させようとします。

まず、三千塵点劫の久遠における大通智勝仏《だいつうちしょうぶつ》の法華経の説法と、その子供である十六王子が十方の国土に赴《おもむ》いて法華経を再び講説《こうせつ》（大通覆講《だいつうふっこう》）して大衆に結縁《けちえん》したことを説かれ、十六番目の王子が娑婆《しゃば》世界で成仏した釈尊であることを明かされました。次に、この因縁を「化城宝処《けじょうほうしょ》の譬え」として示し、小乗教で説いた二乗の涅槃《ねはん》が真実でないことを明かして一仏乗に引入《いんにゅう》することを説かれています。

五百弟子受記品第八《ごひゃくでしじゅきほん》では、次の授学無学人記品第九《じゅがくむがくにんきほん》と共に、前の化城喩品の譬えを聞いた下根の声聞衆に記別が与えられます。

初めに釈尊は、下根の声聞衆を代表して富楼那《ふるな》に記別を与え、次いで千二百人の声聞が受記を念願していたことを知り、別して五百人に同一名号《どういつみょうごう》をもって同時に授記《じゅき》されました。さらにまた、この座にいない一切の声聞衆に対して、迦葉《かしょう》に授記を託しています。

品末には、この五百人が歓喜し、「貧人繋珠《びんにんけいじゅ》（衣裏珠《えりじゅ》）の譬え」を述べ、領解の意を表しています。

授学無学人記品第九《じゅがくむがくにんきほん》では、下根の声聞衆の願いに対して、釈尊はまず阿《あ》難《なん》と羅睺羅《らごら》にそれぞれ記別を授け、さらに二千人の声聞には、同一名号をもって授記されました。この学無学の「学」とは有学《うがく》の意で、いまだ惑《まど》いを断尽《だんじん》できず、真理を修学追求《ついぐ》している声聞衆を言い、「無学」とは惑いを断じ尽くしてこれ以上学ぶ必要のない阿羅漢果《あらかん》（小乗の悟り）の人を指します。

法師品第十《ほっしほん》では、滅後の法華経弘通の功徳深重を説き、その弘経を勧《すす》めています。

ここには法華経を受持《じゅじ》・読《どく》・誦《じゅ》・解説《げせつ》・書写《しょしゃ》するという「五種法師《ごしゅほっし》」の功徳による凡夫の成仏と、法華経が諸経の中で最第一の教えであること（已今当《いこんとう》の三説超過《さんせつちょうか》）を明かされ、さらに弘経《ぐきょう》の方軌《ほうき》（心構え）として「衣《え》・座《ざ》・室《しつ》の三軌《さんき》」が説かれています。

見宝塔品第十一《けんほうとうほん》では、空中に多宝如来《たほうにょらい》の七宝《しっぽう》の大塔が涌現《ゆげん》したことにより、釈尊は、神通力によって会座《えざ》を霊鷲山《りょうじゅせん》から虚空《こくう》に移し、「虚空会」の説法が開始されます。この多宝塔の出現には、多宝如来がこれまでに説かれた迹門正宗八品の真実を証明する「証前《しょうぜん》」の意義と、のちの本門寿量品における釈尊の久遠《くおん》本地の開顕を起こす「起後《きご》」の意義とが含まれています。

また釈尊は、滅後の妙法弘通の誓願《せいがん》を勧めるために「三箇《さんか》の勅宣《ちょくせん》」を説かれました。なかでも第三の諫勅《かんちょく》では、法華経を持《たも》つことの難しさを「六《ろく》難九易《なんくい》」の譬えをもって示されています。

提婆達多品第十二《だいばだったほん》には、悪人である提婆達多の未来世での成仏（悪人成仏）と、畜身である竜女《りゅうにょ》の即身成仏（女人成仏）が説かれ、法華経の功徳の深重を証し、滅後の妙法流通を勧めています。

まず前段で釈尊は、自身と提婆達多が過去世において弟子と師匠の関係にあった因縁を明かし、後段で文殊菩薩《もんじゅぼさつ》の海中弘経によって、八歳の竜女が即身成仏したことを大衆に示されました。この両者の成仏は、滅後の衆生に対して妙法弘通を諫暁《かんぎょう》したことから「二箇の諫暁」と言い、前の宝塔《ほうとう》品の「三箇の勅宣」と合わせて「五箇の鳳詔《ほうしょう》」とも言われています。

勧持品《かんじほん》第十三では、前の宝塔品で滅後の弘経を勧めたことにより、此土《しど》弘通を誓願する二万の菩薩や、悪世の娑婆《しゃば》を恐れて他土での弘通を誓う声聞衆（初心の菩薩）が出ました。また八十万億那由他《なゆた》の菩薩たちは、釈尊に対して十方世界に弘経することを命じてほしいと求めました。しかし、仏が黙然《もくねん》としていたため、菩薩たちは不退転《ふたいてん》の誓いを二十行の偈頌《げじゅ》にして明らかにしました。これには、滅後の弘経に対して三類の強敵《ごうてき》（俗衆増上《ぞくしゅぞうじょう》慢《まん》・道門《どうもん》増上慢・僭聖《せんしょう》増上慢）が現れても、

「我不愛身命《がふあいしんみょう》　但惜無上道《たんじゃくむじょうどう》」（法華経三七七）

の誓言《せいごん》をもって、弘通することが述べられています。

安楽行品第十四《あんらくぎょうほん》では、此土弘通を恐れる初心の菩薩が出たことにより、これを心配した文殊菩薩は、濁悪世《じょくあくせ》の末法で安楽に修行する方法を尋ねました。これに対して釈尊は、滅後濁悪の世における初心の菩薩の修行を、身《しん》・口《く》・意《い》・誓願の四安楽行《しあんらくぎょう》として示し、妙法弘通の方軌《ほうき》を摂受《しょうじゅ》の修行の上から具体的に説かれました。また、この品の後半には「髻中明珠《けいちゅうみょうじゅ》の譬え」が説かれ、法華経が一切の教えのなかで最勝の経であることが示されています。

本門十四品

従地涌出品第十五《じゅうじゆじゅっぽん》では、他方の国土より来集した迹化《しゃっけ》の菩薩たちが、釈尊滅後の娑婆《しゃば》世界（此土《しど》）の弘経を願い出ますが、釈尊はこれを制止して、大地より無数の本化地涌《ほんげじゆ》の菩薩を出現させます。この地涌の菩薩の上首《じょうしゅ》は上行《じょうぎょう》・無辺行《むへんぎょう》・浄行《じょうぎょう》・安立行《あんりゅうぎょう》の四大菩薩で、師である釈尊よりも威厳《いげん》を備えていました。一座の大衆は、今までに見たこともないこれらの菩薩に対して疑念を懐《いだ》き、弥勒《みろく》菩薩が代表して釈尊に質問をすると、釈尊は久遠《くおん》以来、これらの菩薩を教化したことを簡略に明かしました。これを「略開近《りゃっかいごん》顕遠《けんのん》」と言います。

この涌出品からは「本門」と言われ、釈尊の本地が明かされることになります。

如来寿量品第十六《にょらいじゅりょうほん》では、冒頭、仏が大衆に対して教説を信受すべきことを三度誡《いまし》め、菩薩たちが三度説法を請《こ》うという三誡三請《さんかいさんしょう》、さらに請い、重ねて誡めるという重請重誡《じゅうしょうじゅうかい》から始まります。このことは、これからなされる仏の説法が、いかに重要であるかを示唆《しさ》するものです。

その説法とは、釈尊はインドにおいて始めて悟りを得た「始成正覚《しじょうしょうがく》」の仏ではなく、実は五百塵点劫《ごひゃくじんでんごう》という久遠《くおん》の昔に成道した「久遠実成《じつじょう》」の仏であることを、本因・本果・本国土の三妙を説いて具体的に示し、仏の久遠本地と三世の常住を明かされたものでした。この仏の久遠開顕は「広開《こうかい》近顕遠《ごんけんのんん》」と言い、これまでの仏身に対する認識を根底から覆《くつがえ》すものでした。これによって、事《じ》の一念三千の法門が明かされ、一切衆生の成仏も現実のものとなりました。この意義から寿量品は、法華経の中において最も肝要な一品であるとともに、仏教全体の眼目となるのです。

当品では続いて、仏の三世常住を「良医病子《ろういびょうし》の譬え」として説かれ、さらに「自我偈《じがげ》」でこれらを重説されています。

法華経の七譬《しちひ》

1 三車火宅の譬え（譬喩品第三）

長者の家が火事になった時、中にいる子供たちは遊びに夢中で火事に気づかず、外に出ようとしませんでした。そこで長者は、子供たちのほしがっていた羊車《ようしゃ》・鹿車《ろくしゃ》・牛車《ごしゃ》の三車を門外に用意していると言って子供たちを救い出し、その後、もっと立派な大白牛車《だいびゃくごしゃ》を与えました。

長者は仏、火宅（火事の家）は三界、子供たちは一切衆生に譬えられ、羊車・鹿車・牛車の三車は声聞《しょうもん》・縁《えん》覚《がく》・菩薩《ぼさつ》の三乗の教え、大白牛車は法華一仏乗真実の教えを譬えています。

2 長者窮子の譬え（信解品第四）

長者の子供が幼い時に家出し、長い間、他国を流浪《るろう》して困窮《こんきゅう》したあげく、父の邸宅《ていたく》とは知らずに、そこにたどり着きました。一見して、それが我が子であることを知った長者は、窮子《ぐうじ》（困窮した我が子）を掃除夫《そうじふ》として雇《やと》い入れ、のちに財産の管理を任せました。やがて臨終を前にした長者は、窮子に実の子であることを明かして、財宝の一切を譲り渡したのです。

長者とは仏、窮子とは衆生に譬えられ、一切衆生は仏の化導によって、仏子であることを自覚し、成仏の大利益を得ることができると説いたものです。

3 三草二木の譬え（薬草喩品第五）

大地に生《は》える草木は、それぞれの種類や大小によって異なりがありますが、大雲が起こり慈雨《じう》が降り注がれると、すべての草木は平等に潤うことになります。

大雲とは仏、慈雨とは教法、草木は一切衆生に譬えられ、衆生は機根に応じて一仏乗の法を二にも三にも聞きますが、仏は大慈悲をもって実相一味の法を衆生に施し、利益を与えることを説いたものです。

4 化城宝処の譬え（化城喩品第七）

宝処《ほうしょ》に向かって五百由旬《ゆじゅん》の遠い路を旅する人々がいました。途中、険路《けんろ》が続いたため皆疲れきっていたところ、一人の導師が三百由旬を過ぎた所に方便力で化城《けじょう》を造り、人々を休息させました。しかし、人々がそこに満足しているのを見た導師は、この城が仮りの城であることを教えて、人々を真の宝処に導きました。

導師とは仏、化城は二乗の涅槃《ねはん》、宝処は法華経の一仏乗に譬えられ、仏の化導によって二乗の衆生が一仏乗の境界に至ることを説いています。

5 貧人繋珠の譬え（五百弟子受記品第八）

ある男が親友の家で酒に酔って眠ってしまいました。親友は外出するので、眠っている男の衣服の裏に無価《むか》（値段が付けられない）の宝珠《ほうじゅ》を縫いこんで出かけました。そうとは知らずに、男は他国を流浪し、少しの収入で満足していました。再び親友と出会った時、親友から宝珠のことを聞かされ、初めてそれに気づいた男は、ようやく無価の宝珠を得ることができたのです。

酒に酔って眠った男とは声聞、親友とは仏に譬えられ、小乗の悟りに満足する愚かな衆生が、仏の真実の教えを知り、初めて成仏の大利益を得ることを説いています。

6 髻中明珠の譬え（安楽行品第十四）

転輪聖王《てんりんじょうおう》は、兵士に対し、その勲功《くんこう》に従って城や衣服、財宝などを与えて報いていましたが、髻《もとどり》の中にある宝珠だけは、みだりに人に与えませんでした。もし、みだりに与えると、諸人が驚き怪《あや》しむので、最も勲功のあった者にのみ、髻を解いて授与したのです。

転輪聖王とは仏、種々の勲功による宝とは爾前《にぜん》の諸経、髻中《けいちゅう》の明珠《みょうじゅ》とは法華経に譬えられ、法華経が諸経の中で最も勝れていることを説いています。

7 良医病子の譬え（如来寿量品第十六）

良医《ろうい》には百人にも及ぶ子供がいました。ある時、良医の留守中に子供たちが誤って毒薬を飲み、苦しんでいました。そこへ帰った良医は、良薬を調合して子供たちに与えましたが、本心を失った子供たちは飲みませんでした。そのため良医は方便を設け、父が他国へ行って死んだと使者に告げさせました。父の死を聞いた子供たちは大いに憂い、本心を取り戻し、残された良薬を飲んで病を治すことができたのです。

良医とは仏、病子《びょうし》とは衆生に譬えられ、良医が家に帰って失心の子を救うとは、仏が一切衆生を救う未来の利益を説いています。

分別功徳品《ふんべつくどくほん》第十七の前半では、寿量品で多くの人々が仏の寿命の長遠《ちょうおん》を聴《き》いて大利益《だいりやく》を受けたことが説かれ、その功徳に種々の違いや浅深があることから、分別《ふんべつ》して示されています。ここでは、弥勒《みろく》菩薩が仏からの授記を領解《りょうげ》したことを述べ、本門の正宗分が終了します。

後半は、弘経者のための「現在の四信」(一念信解《いちねんしんげ》・略解言趣《りゃくげごんしゅ》・広為他《こういた》説《せっ》・深信観成《じんしんかんじょう》)と、「滅後の五品」(随喜品《ずいき》・読誦品《どくじゅ》・説法品《せっぽう》・兼行六度品《けんぎょう》・正行六度品《しょうぎょう》)が説かれ、その功徳の甚大さと修行の段階が示されています。

随喜功徳品《ずいきくどくほん》第十八では、前品に説かれた「滅後の五品」の中の随喜品について、さらに「五十展転随喜《てんでんずいき》の功徳」として詳説されています。これは、仏の滅後に法華経を聞いた人が随喜して他の人に法を伝え、その人がまた随喜して次に伝え、次第に展転して五十番目の人に至った時、この五十番目の人が法華経の一偈を聞いて随喜する功徳でさえ、八十年にわたって一切衆生に多くのものを布施《ふせ》したり、阿羅漢《あらかん》果に導いた人の功徳よりも甚大であると説かれています。化他《けた》のない五十番目の人であっても大きな功徳があることから、ましてや自行と化他を共に行じる功徳が、いかに計り知れないかを明かされています。

法師功徳品《ほっしくどくほん》第十九では、法華経を受持《じゅじ》・読《どく》・誦《じゅ》・解説《げせつ》・書写《しょしゃ》するという「五種法師《ごしゅほっし》」の修行の功徳が説かれています。この修行によって、具体的に眼《げん》・耳《に》・鼻《び》・舌《ぜつ》・身《しん》・意《い》の六根《ろっこん》が清浄《しょうじょう》となる功徳が得られることを示し、滅後の弘経を勧められています。

常不軽菩薩品《じょうふきょうぼさつぽん》第二十では、法師功徳品によって明かされた六根清浄《しょうじょう》の果の功徳に対し、その因の修行が説かれています。すなわち、六根清浄を得るには難を忍んで弘経すべきであることを教えられ、釈尊の過去世における常不軽菩薩としての但行礼拝《たんぎょうらいはい》の修行を示しました。

当時の四衆（比丘《びく》・比丘尼《びくに》・優婆塞《うばそく》・優婆夷《うばい》）は、この常不軽菩薩を迫害したことにより、千劫《せんごう》の間、阿鼻地獄《あびじごく》に堕《お》ち、大苦悩を受けました。

このように、法華経を受持信行する人の功徳と、持経者を毀謗《きほう》する罪業《ざいごう》を示すことによって、未来における弘経を勧められています。

如来神力品第二十一《にょらいじんりきほん》では、前品までに法華経流通《るつう》の広大な功徳を聴いてきた本化地涌《ほんげじゆ》の菩薩たちが、仏滅後の弘経を誓願しました。そこで仏は、まず十種の大神力を現じ、次いで上行菩薩を筆頭とする地涌の菩薩に対し、特別に法華経の滅後弘通を付嘱《ふぞく》されました。これを「別付嘱《べつ》」といい、称《しょう》歎《たん》付嘱・結要付嘱《けっちょう》・勧奨《かんしょう》付嘱・釈《しゃく》付嘱の四段からなっています。特に「結要付嘱」においては、法華経の肝要を、

「要を以《もっ》て之を言わば、如来の一切の所有《しょう》の法、如来の一切の自在の神力《じんりき》、如来の一切の秘要の蔵《ぞう》、如来の一切の甚深《じんじん》の事《じ》、皆此の経に

於て宣示顕説《せんじけんぜつ》す」（法華経五一三）

と、四句《しく》の要法に括《くく》って上行菩薩に付嘱されています。

嘱累品第二十二《ぞくるいほん》では、迹化の菩薩や一会《いちえ》の大衆にも、総じて法華経を付嘱されました。これを「総付嘱」と言います。やがて、付嘱の大事を終えられた仏は、十方より来集した分身《ふんじん》の仏に対して各々の本土へ還《かえ》ることを命じ、宝塔を閉ざされました。ここにおいて見宝塔品第十一より始まった「虚空会《こくうえ》」の儀式は終了し、説法の会座《えざ》は再び霊鷲山《りょうじゅせん》に移されます。

薬王菩薩本事品第二十三《やくおうぼさつほんじほん》では、薬王菩薩が過去世において仏への報恩のためにあらゆる供養を捧《ささ》げ、最後に焼身《しょうしん》供養し、再び生まれて焼臂《しょうひ》供養することなど、不惜身命《ふしゃくしんみょう》に徹《てっ》して法華経を実践することの重要性が説かれています。そして、法華経が他の経典より優れて最上・最尊であることが十種の譬えによって明かされ、さらに、

「我が滅度の後《のち》、後の五百歳の中に、閻浮提《えんぶだい》に広宣流布」（同五三九）と、仏滅後の末法に法華経が必ず流布することを予証されています。

妙音菩薩品第二十四《みょうおんぼさっぽん》では、妙音菩薩が教化の対象に応じて三十四種に身を示現《じげん》し、娑婆《しゃば》世界のあらゆる場所で法華経を説いて衆生を救護《くご》することが説かれ、法華経の流通《るつう》を勧められています。この妙音菩薩の三十四身の示現は、衆生に対して、滅後に法華経を説く者がどのような姿であっても軽蔑《けいべつ》の心を起こしてはならないと誡《いまし》められたものであり、さらに法華経を行ずる者が衆生を救済するため、あらゆる姿に身を現じて法を説くことができると教えられたものです。

観世音菩薩普門品第二十五《かんぜおんぼさつふもんぼん》では、観世音菩薩が三十三身を示現して衆生を救済するという化他《けた》流通が説かれています。これは前品の妙音菩薩と同様に、観世音菩薩が衆生の機に応じて姿を現じたもので、これを「普門示《ふもんじ》現《げん》」と言います。「普門」とは、普《あまね》く一切衆生を解脱《げだつ》の門に入れる意で、この妙用《みょうゆう》を垂《た》れることによって衆生を済度するのです。

陀羅尼品《だらにほん》第二十六では、薬王菩薩・勇施《ゆぜ》菩薩・毘沙門《びしゃもん》天王・持国《じこく》天王・十羅刹女《じゅうらせつにょ》の五番善神《ごばんぜんじん》が陀羅尼（神呪《じんじゅ》）を説いて、滅後の法華経の行者を守護することを仏前に誓い、法華経の流通を勧めています。

「陀羅尼」とは「総持《そうじ》」と訳され、これは一字の中に無量の義を含んでいることを表しています。また、善を持ち悪を遮《さえぎ》るとの意から「能持能《のうじのう》遮《しゃ》」とも訳されます。

妙荘厳王本事品《みょうしょうごんのうほんじほん》第二十七では、薬王菩薩・薬上《やくじょう》菩薩の過去世の因縁が説かれています。それは、浄蔵《じょうぞう》（のちの薬王菩薩）・浄眼《じょうげん》（のちの薬上菩薩）が、母の浄徳夫人《ぶにん》（のちの妙音菩薩）と共に、外道を信じていた父・妙荘厳王を仏のもとに導き、法華経に縁を結ばせたというものです。

この品では、浄蔵・浄眼の二人の姿を通して、正法を護持し流通することの大事が示されるとともに、「盲亀浮木《もうきぶもく》の譬え」と「優曇華《うどんげ》の譬え」をもって、仏に値《あ》うことの難しさを説いています。

普賢菩薩勧発品第二十八《ふげんぼさつかんぼっぽん》では、法華経の締《し》め括《くく》りとして普賢菩薩が現れ、仏の滅後にどのようにすれば法華経の悟りを得ることができるかと質問し、仏の説法を請願《しょうがん》します。そこで仏は、一には諸仏に護念《ごねん》され、二には諸々の徳本《とくほん》を植え、三には正定聚《しょうじょうじゅ》に入り、四には一切衆生を救う心を発《おこ》す、との四法を成就すべきことを説かれました。この説法を聴《き》いた普賢菩薩は、悪世末法において法華経を受持する者を守護し、法華経の教法を守護することを誓います。最後に仏は、末法において普賢菩薩が法華経を守護することを讃歎《さんだん》し、衆生が法華経の弘通者を敬うべきことを説きました。

こうして仏の説法が終わり、大衆は歓喜し礼を作《な》して法座から去り、法華経二十八品のすべてが終了します。

なおこの品は、法華経を要約して再び説かれたことから「再演法華《さいえんほっけ》」とも言われています。

法華経の特長

法華経の特長は、迹門《しゃくもん》において、爾前経《にぜんぎょう》では永久に成仏できないとされていた二乗の成仏が示されたこと、また本門において、インドに誕生した釈尊の本地が久遠《くおん》にあったことを明かされたこと、さらに仏が衆生を化導する始終（順序）を説き明かされたことが挙《あ》げられます。

――二乗作仏（開三顕一）――

法華経迹門の特長は、爾前経では成仏できないとされてきた声聞《しょうもん》・縁覚《えんがく》の二乗《にじょう》に対し、記別《きべつ》（未来における成仏の証明）が与えられたことにあります。これを「二乗作仏《さぶつ》」と言います。

仏は、初め小乗教において二乗の修行法を説かれましたが、次の権大乗《ごんだいじょう》教《きょう》に入ると、自己の解脱《げだつ》のみに執着《しゅうじゃく》して利他《りた》の慈悲心に欠ける二乗を、永久に成仏できない「永不成仏《ようふじょうぶつ》」の衆生として弾劾《だんがい》・呵責《かしゃく》されました。

しかし法華経に至ると、迹門の方便品《ほうべんぽん》第二において、

「唯《ただ》仏と仏とのみ、乃《いま》し能《よ》く諸法の実相を究尽《くじん》したまえり。所謂《いわゆる》諸法の如是相《にょぜそう》、如是性《しょう》、如是体《たい》、如是力《りき》、如是作《さ》、如是因《いん》、如是縁《えん》、如是

果《か》、如是報《ほう》、如是本末究竟等《ほんまつくきょうとう》なり」（法華経八九）

と、諸法である森羅万象《しんらばんしょう》はことごとく十如実相《じゅうにょじっそう》の当体であるという「諸法実相・一念三千」の法理が明かされたことによって、一切衆生の成仏の可能性が理論の上に説き示されました。この理の一念三千の法理により、二乗といえども隔絶《かくぜつ》されるものではなく、他の衆生と同じく成仏することができることとなったのです。

このことは、法華経以前に三乗《さんじょう》（声聞《しょうもん》乗・縁覚《えんがく》乗・菩薩《ぼさつ》乗）を差別して説いてきた教えを方便として払い、法華経こそ一乗真実の教えであることを略して顕示したもので、「略開三顕一《りゃっかいさんけんいち》」と言います。

この略開三顕一の説法に疑いを持った弟子の舎利弗《しゃりほつ》が、大衆を代表して釈尊に真実の開顕を再三にわたって請願《せいがん》したことに対し、これに応《こた》えて説かれたのが「広《こう》開三顕一」です。

広開三顕一の説法では、まず仏の出世の目的は、一大事因縁をもって一切衆生に仏知見《ぶっちけん》（仏の智慧《ちえ》）を開かしめ、示し、悟らしめ、入らしめて清浄《しょうじょう》なる境界《きょうがい》（成仏）を得せしめることにあると宣説《せんぜつ》され、次いで、法華経以前に三乗各別の教えを説いたのは一仏乗に導くための方便であったことを述べられています。さらに、

「十方仏土《じっぽうぶつど》の中には　唯《ただ》一乗の法のみ有り　二無く亦《また》三無し」（同一一〇）

と、仏の真実の教えは二乗・三乗にはなく、ただ一乗の法のみにあることを明かされたのです。

この広開三顕一の法門は、方便品第二の諸仏世尊の出世の一大事因縁を明かす長行《じょうごう》の段から、授学無学人記品《じゅがくむがくにんきほん》第九までの八品にわたり、法説周《ほっせつしゅう》・譬説周《ひせつしゅう》・因縁説周《いんねんせつしゅう》の三周の説法をもって、二乗が作仏することを明かされ

ています。

まず、上根《じょうこん》の舎利弗は、法華経の甚深の義を領解《りょうげ》して未来に成仏する証明（記別）を受け、続いて中根の四大声聞は、「三車火宅《さんしゃかたく》の譬え」を聞いて領解したことにより授記《じゅき》され、下根の二千五百余の声聞は過去世からの因縁を聞いて領解することができ、ついに記別を受けることができました。

このように法華経迹門においては、爾前経で否定されてきた二乗の成仏がはじめて許されただけでなく、さらに法師品《ほっしほん》第十に凡夫《ぼんぶ》の成仏、提婆達多《だいばだった》品《ほん》第十二に悪人・女人の成仏も説かれたのです。

ここに二乗作仏を中心とする一切の九界の衆生の成仏が可能となって、理論の上に一念三千の法門が確立されたのが、法華経迹門の特長と言えます。

本門の特長

―― 久遠実成（開近顕遠）――

釈尊は、爾前経《にぜんぎょう》や法華経迹門において、インドで誕生し三十歳で成道したという「始成正覚《しじょうしょうがく》」の立場で法を説かれましたが、法華経本門の寿量品第十六において、

「我《われ》実に成仏してより已来《このかた》、無量無辺百千万億那由他劫《なゆたこう》なり。譬えば五百千万億那由他阿僧祇《あそうぎ》の三千大千世界を云々」（法華経四二九）

と、久遠五百塵点劫《ごひゃくじんでんごう》という昔に、既に成道していたとする本地（仏の真実の相）を明かされました。これを「久遠実成《くおんじつじょう》」と言い、この久遠実成が明かされる法門を「開近顕遠《かいごんけんのん》」と言います。

「開近顕遠」とは、法華経本門で初めて説かれた重要な法門で、「近《ごん》を開い

て遠《おん》を顕す」と読み、釈尊が始成正覚《しじょうしょうがく》の垂迹身《すいじゃく》を払《はら》って（開いて）久遠以来の本地《ほんち》を顕されたことを言います。また、これは同時に爾前迹門までの教えを方便として退《しりぞ》け、仏の真実の教えを明らかにされたものでもあります。

釈尊はこの久遠実成の具体的な内容を寿量品において、本因妙《ほんにんみょう》・本果妙《ほんがみょう》・本国土妙《ほんこくどみょう》の三妙をもって明かされています。

まず久遠実成という本果について、

「我成仏してより已来《このかた》、甚《はなは》だ大いに久遠なり。寿命無量阿僧祇劫《あそうぎこう》なり。常住にして滅せず」（同四三二）

と、釈尊が仏果《ぶっか》を成じたのは久遠の昔であると明かされ、さらにその仏の寿命は常住不滅であると示されています。そして成道の本因について、

「我本《もと》菩薩の道《どう》を行じて、成ぜし所の寿命、今猶未《なおいま》だ尽きず。復上《またかみ》の数《すう》に倍《ばい》せり」（同）

と、久遠の過去に菩薩道を行じたことを明かされ、成道の本国土について、

「我《われ》常に此《こ》の娑婆《しゃば》世界に在《あ》って、説法教化《きょうけ》す」（同四三二）

と、常にこの娑婆世界で衆生を教化してきたことを説かれています。

このように娑婆世界有縁《うえん》の仏は釈尊であり、なおかつ仏の生命は三世常住であると説かれたことにより、仏と衆生とは、かけ離れた存在でないことが明らかとなったのです。

これらによって、事実の上に一念三千の法門が明かされ、衆生の成仏が現実のものとなったことが本門の特長です。


―― 化導の始終（種・熟・脱の三益）――

法華経には衆生を得脱《とくだつ》させるための化導《けどう》の始終（順序）として、下種《げしゅ》益《やく》・熟益《じゅくやく》・脱益《だっちゃく》という三つの得益が示されています。「下種益」とは、仏

が衆生の心田《しんでん》に仏種《ぶっしゅ》を下《くだ》すことを言い、「熟益」とは、その仏種を成長させて機根を調熟《じょうじゅく》（調えて成熟させること）することを言い、「脱益」とは、仏種が実を結び、衆生が得脱（解脱を得ること）して仏の境界に至ることを言います。

法華経以前の諸経では、このような下種から得脱するまでの三益が説かれず、一切衆生の成仏は明かされませんでした。

この三益は、法華経の迹門《しゃくもん》と本門とにそれぞれ説かれ、まず迹門では、化城喩品《けじょうゆほん》第七において、三千塵点劫《さんぜんじんでんごう》という久遠に大通智勝仏《だいつうちしょうぶつ》の子である十六王子が、父王から聞いた法華経を再び講じたこと（大通覆講《だいつうふっこう》）が説かれ、その十六番目の王子がインド応誕《おうたん》（出現）の釈尊の過去世における姿であり、化導されてきた無数の衆生こそ、眼前《がんぜん》の弟子たちであるとの宿世《しゅくせ》の因縁が明かされました。

このことは釈尊が衆生済度《さいど》のため、久遠三千塵点劫の昔に下種をし、それ以後、法華経迹門までの間に仏種を調熟《じょうじゅく》し、そして未来に得脱するであろうという化導の始終を示されたものです。

しかし、これらのことを久遠実成《じつじょう》が明かされた本門の立場から見れば、迹門ではいまだ仏の本地が明かされていないため調熟の段階となり、迹門熟益の法門となります。

そして、本門の如来寿量品《にょらいじゅりょうほん》第十六で初めて仏の久遠の本地が明かされ、その仏によって衆生は久遠五百塵点劫《ごひゃくじんでんごう》に下種を受け、三千塵点劫の大通覆《だいつうふっ》講《こう》、および爾前《にぜん》四十余年と法華経迹門の間に調熟され、寿量品で得脱するという化導の始終が示されました。これを本門文上脱益の法門と言います。

これらのことをもって、釈尊の化導における種《しゅ》・熟《じゅく》・脱《だつ》の三益が明かされ、衆生の得脱の相が示されたのです。

法華経の付嘱 ―― 別付嘱と総付嘱 ――

釈尊は、自身の滅後における妙法弘通のために法華経において二つの付《ふ》嘱《ぞく》を明らかにされました。

付嘱とは相承《そうじょう》・相伝と同義で、仏（師匠）が弟子に法を授けて、その法の伝持《でんじ》と弘宣《ぐせん》を託《たく》すことです。

法華経の付嘱は、如来神力品《にょらいじんりきほん》第二十一の別付嘱《べつふぞく》と嘱累品《ぞくるいほん》第二十二の総付《そうふ》嘱《ぞく》ですが、その起こりは見宝塔品《けんほうとうほん》第十一から始まります。

釈尊が宝塔品で多宝塔涌現《ゆげん》のあと、

「誰《たれ》か能《よ》く此の娑婆《しゃば》国土に於《お》いて、広く妙法華経を説かん」

（法華経三四七）

と、仏滅後の此土《しど》弘経《ぐきょう》を勧《すす》められたことに対し、勧持品《かんじほん》第十三では、二万の菩薩が此土に、五百羅漢《ごひゃくらかん》・学無学の八千の声聞が他土《たど》に、八十万億那由他《はちじゅうまんのくなゆ》の菩薩《ぼさつ》が十方世界にそれぞれ弘経《ぐきょう》を誓願《せいがん》しました。しかし釈尊は、従地《じゅうじ》涌出品《ゆじゅっぽん》第十五で、

「止《や》みね、善男子《ぜんなんし》」（同四〇八）

と、これら迹化《しゃっけ》の菩薩等の申し出を止め、上行等の本化地涌《ほんげじゆ》の菩薩を涌出させました。

そして如来寿量品第十六で久遠の本地を明かされたのち、如来神力品第二十一で、

「要《よう》を以《もっ》て之《これ》を言わば、如来の一切の所有《しょう》の法、如来の一切の自在《じざい》の神力、如来の一切の秘要《ひよう》の蔵《ぞう》、如来の一切の甚深《じんじん》の事《じ》、皆此の経に於て宣示顕説《せんじけんぜつ》す」（同五一三）

と、法華経の肝要を「四句《しく》の要法」に括《くく》って、上行等の地涌の菩薩に付嘱されました。この付嘱を「結要付嘱《けっちょうふぞく》」と言い、本化地涌の菩薩だけに特別になされたものなので「別付嘱」と言います。

次いで釈尊は、嘱累品第二十二で、

「爾《そ》の時に釈迦牟尼仏《しゃかむにぶつ》、法座より起《た》って、大神力を現じたもう。右の手《みて》を以《もっ》て、無量の菩薩摩訶薩《まかさつ》の頂《いただき》を摩《な》でて(中略)今以て汝等《なんだち》に付嘱す」

(同五一八)

と、本化・迹化の無量の菩薩に総じて法華経を付嘱されました。これを「総付嘱」と言います。ただし釈尊は、迹化の諸菩薩には正《しょう》・像《ぞう》二千年の法華経弘通を付嘱されたのみで、滅後末法の弘通は許されませんでした。

したがって、滅後末法においては、神力品で結要付嘱(別付嘱)を受けられた上行菩薩が出現して法華経を弘通されるのです。

入門シリーズ①
釈尊の生涯と法華経
平成三十年四月二十八日　発　行
平成三十年十月十三日　第二刷
編集
発行
静岡県富士宮市上条五四六番地の一
株式会社　大日蓮出版

ISBN 978-4-905522-69-0